찻잔을 옆에 두고

작가의 말

내가 기꺼이 바라는 것은
너의 안녕과
너의 평안과
너의 행복이다.

좋은 것이 너에게 찾아 올때
나는 기꺼이 기쁨으로
너를 끌어 안으리.

찻잔을 옆에 두고
너의 기쁨을 바란다.

차례

좋은 생각　8

드라마　11

삶의단상: 열정　14

버들강아지 살눈 뜨고　18

나를 찾아서　20

이월의 마지막 날, 봄은 이렇게　24

눈 내리는 봄　28

내 인생길 그리움을 채워주는 사람　30

아침의 햇살, 한낮의 새, 밤의 달빛　33

비가 오는 날이면　35

변화　36

매일　39

사랑은 머뭇거린다.　41

복　44

복 Ⅱ　47

떨림　49

봄　51

마음의 고향　55

사월 내내 봄, 마음을 열며　58

가만히 생각하는 일　62

어머니   65

계절이 바뀌면 당신을 다 알 줄 알았다.   68

망설임   71

시가 없는 날   73

네가 없는 삶   75

아침에는   77

비 내리는 수요일 아침   79

가는 봄   81

표현   83

너의 안부와 나의 평안   86

오월의 이맘때   88

바람   91

나의 안녕   94

내 사람   97

약속   98

애태우던 봄비   101

녹음   103

우리는 모든 일을 겪고 나서야
늦었다는 것을 안다.   105

지금, 당신을 위한 시   107

떠난 친구에게   109

지금, 시작   111

당신 미소   113

돌멩이   115

우리   118

똑같은 현실   120

지금　　122

첫사랑　　124

벗겨 버리자　　127

닫힌 문　　129

칠월의 청포도　　131

만약　　133

세월　　135

그 시절 여름밤이면　　137

투정　　139

봄 햇살보다 더 눈부신　　141

기쁨　　143

아들의 생일　　145

첫 면회　　147

스물여섯, 내 딸에게　　149

똑같은 행복　　151

내 당신　　154

비가 오는 날이면　　157

나가며　　160

좋은 생각

내가 먼저
좋은 생각을 가져야
좋은 생각을 가진 사람을 만난다.

내가 먼저
멋진 사람이 되어야
멋진 생각의 사람들과 어울린다.
마음을 한 번 고른다.

내가 먼저
따뜻한 마음을 품어야
그 따뜻함이 조용히 전해진다.

당신이 지금
좋은 사람이기 때문에

좋은 사람을 만나고 있다.

당신이 솔직하고
따뜻하게 대하므로
상대는 당신에게 따뜻함을 느낀다.

상대를 믿지 못한다면,
그 삶의 습관이 먼저 의심을 데려온다.
의심은 먼저 내 눈에 앉는다.

좋은 사람들을
못 만난다 투덜대기 전에
내가 어떤 생각으로 사람을 만나왔는지,
어떤 눈으로 보아왔는지
조용히 돌아본다.

향기는 꽃에서만 나지 않는다.
사람의 인연에도 은은히 난다.

오늘,
나로 인해 누구도 불편하지 않도록
천천히, 조용히 걸어간다.

드라마

누구나 삶을 살고 있다면
시인이요 감독이다.

하루하루가 영화이고
한 장면 한 장면이 모여
드라마가 된다.

어떻게 사는 삶이 중요할까?
어떤 환경에서 살아가는 것이
잘 사는 건지…
그건 다른 문제다.

자기 삶 속에서
모든 고난과 역경을 이겨낸
흔들림 끝에 선 사람을

우리는 주인공이라 부른다.

말을 줄이고 숨을 고른다.
내 장면을 내 몫으로 받는다.

우린 서로를 잘 알아야 하고
부모도 잘 알아야 하고
배우자도 잘 알아야 하고
자녀도 잘 알아야 하고
친구도 잘 알아야 한다.

모든 것이 갖춰진다면
세상살이는 덜 힘들겠지만,
나의 드라마가 해피 엔딩으로
마무리되려면

선택이 중요하다.

누구나 원하지만
한 가지, 두 가지쯤
나만의 단점이 있다.
그 다음은 스스로의 몫이다.

어떻게 그 인생의 드라마가
쓰여지는가는
배우의 몫이다.
나는 오늘도 나를 연기한다.
별 하나 마음에 켜 두고.

삶의단상: 열정

살아보니,
열정이 있는 지금 이 순간을
즐겁게 사는 것이
잘 사는 일이다.

무의미하게 흐르는 삶만큼
어리석음도 없다.
무엇이든 혼을 다해
단 한 번의 장면처럼.

우리는 사랑을 알 무렵
사랑이 변하는 것을 보고,
부모를 알 무렵
부모의 기침 소리를 듣고,
자신을 알 무렵

여럿을 이미 흘려보냈다.

모든 것은
너무 빨리 변하고 지나간다.
시간을 아껴라.
죽기 전에
덜 후회하도록.

하루라도 빨리 느끼고,
남들보다 먼저 깨어나
하루라도 빨리 시작하라.
때를 놓치지 마라.
기회는 쉽게 오지 않는다.

우리는 늘

무언가를 보내고
다시 무언가를 얻는다.
그러니 있을 때 잘하자,
손에 있을 때.

돌아보면 후회가 두껍다.
잘못한 선택 앞에서는
스스로에게라도
용서를 구할 줄 알자.
그게 나를 지키는 일이다.

매일 서로의 안부를
따뜻하게 건네는 것,
그 또한 행복이다.

오늘도 웃으며
행복을 찾자.
나를 위해,
나를 사랑하는 오늘이 되자.

버들강아지 살눈 뜨고

버들강아지 살눈 뜨고
얼었던 개천물 녹아내려
그 소리 듣기 좋다.

겨울 내 잠자던 개구리도
일어날 채비를 하고
아직 남은 잔설도
한 방울씩, 뚝뚝 녹는다.

양지 바른 건너편 땅에서는
때이른 냉이가 고개를 들고
부지런한 할머니 손엔
달래가 향을 묶는다.

풀 내음 따라

봄이 오고 있구나.
녹색으로 뒤덮일 들판이 그립다.

나는 물가에 잠깐 멈춰
숨을 고르고 귀를 기울인다.
봄물은 제 길을 기억해
소란 없이 흐른다.

작은 흙덩이도 빛이 되어
하루를 비춘다.
오늘은 가볍게,
바람 쪽으로 걸어간다.

나를 찾아서

삶이란 때로 복잡하고 아슬아슬합니다.
걱정이 없는 날이 드물고,
마음이 완전히 맑은 날도 드뭅니다.

어느 것 하나 뜻대로만 흐르지 않아
걸림 없는 일은 거의 없습니다.
대개는 우리가 더 바라기 때문이지요.
말로는 쉽다 하고, 가볍다 하지만
누구에게나 쉬운 일만 있을 수는 없습니다.

얼마나 행복한지,
어느 만큼 기쁘게 살고 있는지
숫자로는 헤아리기 어렵지만
한 가지는 분명합니다.

나이 들어 건강을 잃고서야 알지요.
이게 아니었구나, 더 아끼며 살 것을.
늦기 전에 깨닫는 일이
가장 큰일입니다.
무엇이 소중한지는
찾기로 마음먹는 그 순간 드러납니다.

고통과 갈등, 분노 같은 것들,
다 나를 찾아가는 길목에서 만나는 손님들입니다.
나를 만나기 위해 이렇게 돌아온 길이지요.

나를 찾는 그날부터
삶은 고통에서 기쁨으로,
좌절에서 열정으로,
복잡함에서 단순함으로,

불안에서 평안으로 방향을 틉니다.

아무리 무대가 화려해도,
아무리 값진 물건을 곁에 두어도
마음이 다른 데 있으면
늘 허전합니다.
내가 아닌 삶을 대신 살면
불안은 금세 돌아옵니다.

잠시 쉬어
내 삶에 먼저 들어 보십시오.
나는 무엇에 기쁘고,
무엇에 고마운 사람인가.

오늘도 잠깐 돌아보고

다시 출발합시다.

가벼운 마음으로 한 걸음.

나를 찾아가는 길 위에서.

이월의 마지막 날, 봄은 이렇게

이월의 마지막 날,
봄은 이렇게 시작된다.

꽃 한 송이 피고
바람 한 번 지나가고,
그 사이로
아지랑이 오르면
사람 마음은
그냥 사랑에 기운다.

내 가슴에 살짝 올려 둔
그리움 쪽으로
짙은 향을 보내 본다.

어느새 가슴속에

용기가 돋아
참지 못하고
사랑한다고
말해 버린다.

아름다운 봄이면
그냥 사랑에 빠져
한 송이 꽃이 된다.

아끼지 말고,
놓치지 말고,
계산하지 말고,
주저하지 말고,
한 발 다가선다.

모자란 듯
따가운 눈으로
가만히 바라본다.
봄이면
그것으로 족하다.

불편하지 않은 인연,
아름다운 인연으로
조금 더 가까이 가 본다.

삼월이면
봄이 온다,
어쩌겠나.

한 번 솔직하게,

한 번 성실하게,
서로에게 다가가 보자.

그대도 삼월의 아름다움을
푸르게 앉혀 두라.
그대만의 글로,
오늘의 봄을 적어라.

눈 내리는 봄

눈 내리는 봄.
왠지 좋은 예감이 든다.
그냥 눈이 내려
좋은 날.

오늘은 당신이
눈으로 보는 것마다
조용한 기쁨이 넘치고,

손으로 만지는 것마다
작게 웃음이 나길.

오늘은 당신의 입술에서
나온 말마다
사람들에게

환한 미소가 되길.

오늘은 당신의 귀에
들려오는 소식마다
따뜻하길 바란다.

주말이라 그런지,
눈이 내려서인지,
오늘은 유독
당신이 그립다.

부디 무탈하고,
부디 행복하길.
하얀 오후를 건넨다.

내 인생길 그리움을 채워주는 사람

가끔 떠오르는 사람이 있다는 건
참 고마운 일이다.
보고 싶어지는 사람이 있다는 건
살아 있음을 다시 느끼는 일이다.

세월이 떠나가는 길목마다
그리움 한 줌이 피어오르면
비어 있던 내 인생길에도
조용히 그림이 채워진다.

가까이든 멀리든,
때로는 아무것도 보이지 않는 곳에서도
생각나고, 보고 싶고, 그리워지는 이—
누군가 아직 내 안에 살아 있음을
알게 해주는 사람.

그런 사람이 너라서
얼마나 다행이고 아름다운가.
벗이어서, 님이어서,
사랑하고 사랑받는 이름이어서.

나는 그런 너희를
가장 소중하다 말한다.
숨 쉬는 날들 동안
너희를 위해 더 고민하고,
조용히 노력하며 걸어가리라.

고난과 역경 속에서도
가장 먼저 변치 않을 자리, 곁.
믿고 의지하며

오늘도 마음의 창을 연다.

3월 18일, 월요일.
힘차게 하루를 시작하고
서로의 일주일이
밝게 웃음 지을 수 있기를.

아침의 햇살, 한낮의 새, 밤의 달빛

나는 아침이면
햇살이 되어
당신을 조용히 비추고
따뜻한 하루를
맞이하게 하고 싶다.

나는 점심이면
한낮의 새가 되어
당신을 위해 노래하고
당신의 시간이
가볍게 웃도록 하고 싶다.

나는 밤이면
달빛이 되어
지친 어깨 위에

이불처럼 내려앉아
포근한 잠을 지켜 주고 싶다.

매일이 반복되는 삶이라도
매일 즐겁게 보낼 수 있고
매일 흔들리지 않는
하루가 되길 바란다.

나는 당신을 위해
내 마음 깊은 곳까지 내어 주겠다.
당신이 행복할 수만 있다면—
오늘도, 내일도.

비가 오는 날이면

비가 오는 날이면
빗방울 떨어지는 소리마다
그대 이름이 떠올라
창문 밖을 오래 바라봅니다.

이렇게 내리는 날이면
그대가 더 보고 싶어
눈가에 빗물이 맺히도록
그리움이 번집니다.
골목 끝 가로등 아래, 빛이 젖습니다.

어둠이 내려앉은
가로등

변화

겨울이 물러가고
산들한 봄기운이 손짓한다.
바람은 밝은 데로 불고
하늘은 낮게 푸르다.

중년에 주고받는 마음,
그 교감이 삶의 값이고
보람이며 작은 즐거움이다.

건강을 살피고,
오늘의 무게는 오늘의 하늘에
잠시 맡겨 본다.

힘든 일이 오면 바람결에
살며시 띄워 보내고,

답답한 날엔
하늘을 올려다보며
웃음 한 번 건네자.

어려움 없이 끝나는 삶은 없다.
그래도 때로는
그러려니 하며
웃음으로 건너가자.

우리는 빈손으로 와서
빈손으로 간다.
더 바라기보다
있는 것으로 감사하자.

귀한 인연이 있어

카톡 한 줄이라도
오가니,
그것만으로도 복이다.
고맙습니다—
두 손 모아 인사 드린다.

계절이 바뀌면
어울림과 인연이 스며든다.
만물이 살아나는 봄,
이 설렘을 등에 지고
오늘 하루도
조용히 행복하기를.

매일

나는 아침이면
햇살이 되어
당신을 빛나게 하고
따뜻한 하루를
맞이하도록 돕고 싶다.

나는 점심이면
한낮의 새가 되어
당신을 위해 노래하고
당신의 하루가
즐겁게 흐르도록 돕고 싶다.
바람 한 줄이 어깨를 스친다.

나는 밤이 되면
달빛이 되어

피곤해 지쳐 있는 당신을 위해
이불처럼 포근히 내려앉고
아늑한 잠자리를
조용히 지켜 주고 싶다.
밤이 깊으면 별 하나 마음에 켜 둔다.

매일이 반복되는 삶,
매일 즐겁게 보낼 수 있고
매일 흔들리지 않는 하루가
되기를 바란다.

난 당신을 위해
영혼까지 바칠 것이다—
당신이 행복할 수만 있다면.

사랑은 머뭇거린다.

완벽해 보이려고
너무 애쓰지 마라.

지나치게 맑은 물엔
고기가 머물지 못한다.
지나치게 매끈한 마음엔
친구가 눌러앉지 못한다.

바늘 끝에도
피 한 방울 허락하지 않는 사람—
존경은 받을지 몰라도
사랑은 머뭇거린다.

결점 없는 얼굴을 가진 이에겐
동지보다 질시가 먼저 모인다.

백 점의 사람 하나보다
밥을 나눌 칠십 점이
문턱을 먼저 연다.

조금 미덥지 않아도,
말이 더뎌도,
따뜻한 마음 하나가
긴 저녁을 밝혀 준다.

자기만 아끼는 마음은
스스로를 가난하게 한다.
창을 조금 열어 두면
바람이 먼저 들어오듯이,

밤이면 별이 보이듯

모자람이 빛을 만든다.

오늘 나는
누구의 어깨를 무겁게 하지 않고,
나로 인해 한 사람
조용히 웃는 하루를
만들겠다.

복

복은 타고나기도 하고 만들어지기도 한다. 복도 결이 다르다.

부모복은 대체로 타고난다. 그러나 핵심은 재산보다 소통이다. 이해와 믿음, 의리와 신뢰로 이어지는 삶. 그것이 부모복의 내용이다.

자식복과 배우자복은 다르다. 타고날 수도 있으나 결국 행동이 좌우한다. 존중하고 아끼면 돌아오고, 서로 게을러지면 무너진다. 모래성 같은 복이다.

인복은 쌓아 가는 복이다. 말과 태도, 처신에 따라 온다 가기도 한다. 이해와 배려를 반복해 습관으로 만들 때 비로소 머문다.

재물복은 타고나는 몫이 있다. 그러나 지키는 것은 안목의 몫이다. 돈이 많아질수록 샘의 구멍이 먼저 난다. 덕과 기준이 없으면 복은 금세 새나간다.

친구복은 만남의 방식에 달린다. 누구와 엮이느냐보다 어떻게 매듭을 묶느냐가 색을 바꾼다. 끝을 책임지는 관계가 복이다.

운도 그렇다. 운처럼 보일 뿐, 준비와 행동이 만든 결과가 많다. 누구를 만나고 어떻게 행동하느냐에 따라 복은 들어오고, 잡히고, 머문다.

누구든 복 받을 권리가 있다. 우리는 누군가의 소중한 부모이고, 사랑하는 자기 자신이며, 하나뿐인 배우자이기 때문이다.

그러니 복 받을 말과 복 받을 행동으로, 각자의 복을 스스로 찾아가자.

나는 이렇게 믿는다.

복 II

가난한 이에게 물으면
돈이 복이라 하고,
돈 많은 이에게 물으면
건강이 복이라 한다.

건강한 이에게 물으면
화목이 복이라 하고,
화목한 이에게 물으면
자식이 복이라 한다.

자식 있는 이에게 물으면
무자식이 복이라 한다.
결국 복이란,
남에겐 보이고 나에겐 없는 것을
얻었다고 믿는 마음.

그러나 삶으로 옮겨 보면,
남에겐 없고
나에게 이미 있는 것,
그것이 복이다.

생각을 조금만 돌리면
모든 것이 복이 된다.

오늘도 복된 하루이길.

떨림

사랑은 떨림이 있어야
진정한 사랑이다.

만남이 이어져도
떨림이 없으면
사랑은 습관이 된다.

스스럼없는 편안함 속에서도
서로를 다시 바라보자.
만날 때는 마음을 가다듬고
차림새에 예의를 담자.

'언제나' 높여 부르고,
언제나 존댓말로 마음을 건네자.
사랑하는 이라면

나이가 어려도 높여 말하자.

그 한 줄의 공경이
상대의 존재감을 세운다.

친구 앞에선 가볍게 걸어도
사랑 앞에선 갖춰 입자.
바람 한 줄 떨리게.

봄

이곳 저곳에서
봄꽃 축제의 목소리가 높다.

담벼락 눈에 띄게 물든
개나리.
이름 없는 산 어디선가
숨 한 줄기 타고 온
진달래.

이름 모를 새싹이 겨울 내내
얼어 있던 흙을 뚫고
조심스레 고개를 든다.

이름만 들어도 입맛 돋는
봄나물,

보기도 좋고 기분도 좋은
새싹들—
이것이 세상의 이치인데…

늘 봄처럼
찬 바람은 놓고,
곤란한 생각과 불평은 적고,
아름다운 생각이 오래 남는
세상이면
얼마나 좋을까.

계절은 우리에게
몸을 조금 태워 가며
열정으로, 기쁨으로,
선물의 맛을 보여 주는데,

우리의 삶은 자주
만족을 모른다.
큰 그릇이 넘쳐도
더 큰 그릇을 찾는
그게 슬픈 현실이다.

옛 봄엔
추위도 낭만이 있었다.
지금의 봄은
너무 분주해 숨이 차―
그게 조금 안타깝다.

그래도 희망의 봄처럼
사위가 푸르게 빛나고

환하게 미소 짓는 한 달이라면 좋겠다.

매일매일 기분 좋은 달,
매일매일 행복을 담아 사는 달.
작게라도 웃음을 켜는
사람이 되기를.

마음의 고향

힘들고 지칠 때,
모든 걸 놓아 버리고 싶을 때,
욕심이 밀려와 마음이 흐려질 때,
갈 곳이 없어 숨이 막힐 때가 있다.

그때 우리는
소박한 마음으로 돌아간다.
작은 집 한 채―
창 하나, 의자 하나, 고요 하나.
창가에서 숨을 고르고
천천히 다시 생각한다.

그러면 좋은 생각이 난다.
희망이 조용히 돌아오고
용기가 작게 불을 켠다.

별 하나 낮게 떠오르는 밤처럼.

우리에겐 언제나
돌아갈 곳이 있다.
고향집 같은 내 마음,
순하고 단출한 그 집으로.

그 집에 잠시 앉아 있으면
내가 보이고,
남이 보이고,
세상이 보인다.
바람 한 줄 스쳐 가고
어둠은 조금 물러난다.

오늘 아침도

그 집에서 나와
가볍게 걸어간다.
좋은 봄을 지나듯,
좋은 하루를 향해—

사월 내내 봄, 마음을 열며

내가 서 있는 자리는
언제나 오늘이다.

오늘—
눈에 보이는 것은 희망이고
가슴에 들리는 것은 기쁨이다.

짧지 않은 시간을 건너오며
어찌 마음이 흔들리지 않겠는가.
울퉁불퉁 돌부리에 넘어지고,
그때마다 삶의 책임이 내 몫임을 배운다.

그래도 오늘 웃을 수 있는 건
여기까지 와 준 하루 덕분,
고맙기 때문이다.

세상은 내 마음에서 열린다.
한 번 더 깊이 숨을 고르면
길이 열린다.
버거운 소음은 내려놓고
부름에 귀를 열어 소명의 길을 연다.

오늘,
내 이름을 불러 주는 이가 있어 감사하고,
내가 좋아하는 소리에
대답해 주는 이가 있어 감사하다.
그 이유 하나로도
오늘은 충분히 선물이다.

오늘의 미션은 단순하다.

오늘이라는 하루를
오늘로서 다 살 것.
감사로 채울 것.

우리 삶의 시작은 언제나 오늘.
오늘이 있기에
어제도 의미가 생기고
내일도 자란다.

이 하루를 어떻게 채우느냐에 따라
과거의 표정도,
미래의 빛도 달라진다.
그러니 오늘을 아끼고
정성을 다해 쌓아 올리자.

잊지 말자.
내가 서 있는 자리—오늘.
오늘을 살아갈 수 있음에
조용히 감사하자.
사월의 빛 속으로 걸어가자.

가만히 생각하는 일

하루 중에 가장 기대되는 시간,
가장 행복한 시간은
잠자리에 누워
조용히 생각에 잠기는 때다.

그때는
오늘을 정리하고,
생각을 가만히 모으고,
실수는 잠시 내려놓는다.

그 시간은 곱씹을수록 따뜻하다.
상상력이 조용히 깨어나
창가의 밤과 나란히 앉는다.
잊고 싶은 일은 접고,
헤어진 인연은 마음에 놓고,

다시 만날 얼굴을 떠올린다.

이 시간만은
무엇도 간섭하지 못한다.
오직 내 생각대로 흐르는
유일한 나의 시간.

그래서 가장 행복하다.
반성도 하고,
걱정도 풀어두고,
가벼운 웃음 하나 건넨다.

누워서 묻는다—
오늘 나는 어떻게 살았는가.
선하게 행동했는가.

바른 말을 했는가.
답하지 못한 것들은
바람에 맡겨 보낸다.

눈을 감고
오늘을 조용히 닫는다.
별 하나 마음에 켜 두고,
아무 생각 없이
깊이 쉰다.
내일을 위하여
행복한 꿈을 꾼다.

어머니

어머니,
일상이 지치고 힘들 때
진심으로 울어 드린 적,
거의 없었습니다.

친구와 사랑 앞에서는
사소한 잘못에도 미안하다 했지만,
어머니 앞에서는
수없이 잘못하고도
용서를 구하지 않았습니다.

아버지의 아픔을 염려한다 말하며도
정작 제대로 걱정하지 못했습니다.
죄송합니다, 어머니.
스물몇 해가 지나

이제야 말이 됩니다.
아직도 모르는 게 많아
더 죄송합니다.

창가에 앉아 밤을 건너며 생각합니다.
어머니가 살아 계시다면
먼저 손을 잡고
작게라도 고맙다, 미안하다
말하겠습니다.
별 하나 마음에 켜고
다시 배우겠습니다.

후회하기 전에
최선을 다해 대하겠습니다—
친구처럼, 그러나 더 깊이.

부재 앞에서 땅을 친들
무슨 소용이겠습니까.

오늘은
어머니의 이름을 낮게 부르며
내 말과 마음을
조금 더 맑게 하겠습니다.
어머니,
고맙습니다.
사랑합니다.
그리고 오늘을
당신이 웃던 그 빛으로
조용히 시작합니다.

계절이 바뀌면 당신을 다 알 줄 알았다.

조금만 시간이 흐르면
그땐 보지 못한
행복 속에 서 있을 줄 알았다.

아무것도 아닌 말 한마디가
그렇게 큰 상처가 될 줄은
지나가고서야 알았다.

비 오는 날이 있듯
맑은 날도 있는 게 세상 이치인데,
한 번의 실수가
오래 쌓은 마음을 무너뜨리기도 한다.

끝내 붙잡지 않았지만,
향기는 꽃잎이라

가슴을 시리게 했다.

벚꽃이 환한 계절,
여행도 가고
나들이도 하려 했는데

꽃이 지기도 전에
우리는 서로의 뒷모습을
먼저 보게 될 줄은 몰랐다.

돌이켜 보면, 우리—
추억으로 남을까
아픔으로 남을까.

너무 아쉽고 소중했던 시간.

짧았지만 그 행복이
길게 아픔이 된다.

망설임

새벽 네 시 반
눈을 뜨고 잠시 망설인다.
일어날까,
조금 더 잘까.

망설임도 잠시,
바닥을 쓸고 샤워를 한다.
정리가 맞는지 한 번 더 살피고
집을 나선다.
창문을 조금 열어
숨을 고른다.

새벽 공기는 역시 좋다.
피곤함보다는
상쾌한 바람결이다.

삶의 시작은 생활에서 다져지지만,
기분 좋은 하루를 열기엔
이 시간이 맞다.

아침은 웃음으로 연다.
직원을 떠올리며
응원의 마음을 챙기고
오늘의 일을 시작한다.
조금은 넉넉하게.

시가 없는 날

오늘은 피곤해서
아름답게 쓰지 못했다.
큰딸이 묻는다, 오늘은 시가 없냐고.
시계를 보니, 밤은 벌써 깊어가고
하루의 마감은 세 시간을 넘겼다.

아침엔 사람을 만나고
날씨 이야기를 흘려보내고
햇살과 그늘 사이로 서성이며
해야 할 말들은 가슴속에 접어 넣었다.

부고장을 받을 때마다 생각한다.
그가 어떻게 살았는가보다
남은 자식들이 어떻게 살고 있는가가
문상 자리의 화제가 되는 현실을.

그래서일까, 부모의 마음은
늘 나보다는 자식에게 간다.
더 튼튼하게, 더 강하게,
조금 더 멋지게 살기를 바란다.

노력하면 희망이 보인다는 말,
낡았어도 아직 유효하다.
밤하늘에 작은 말 하나 켠다.

오늘은 비록 아름답게 쓰지 못했어도
마음을 기울였으니 되었구나 하고
스스로를 다독인다.
내일의 나여.

네가 없는 삶

우리는
맛있는 음식을 앞두면
생각나는 사람이 있다.

혼자 먹어 미안하고
같이하지 못해 아쉬워
자리가 쓸쓸해진다.

겨울밤 초저녁,
별을 올려다보면
그리운 사람과의 추억이 떠오른다.
떨어져 있어도
같은 별을 본다 싶어
마음이 들뜬다.

하얀 눈이 내려도,
추억이 예뻐도
어쩐지 아쉬움은 남는다.

그땐 그랬지,에서
이 다음엔 어떻게,로
말을 바꾸어 산다.

추억은 간직하고
이젠 꿈을 품는다.

아침에는

아침에는
할 일을 다 헤아리기보다
좋은 생각을 먼저 떠올리세요.
하루의 시작이니까요.
숨을 고르면 마음이 가벼워집니다.

출발을 산뜻하게 하면
반드시 좋은 일이 따라옵니다.

점심에는
식사가 중요합니다.
맛있는 것으로 기분을 바꾸고,
따뜻한 한마디로 대화를 잇세요.
오후엔 저절로 미소가 납니다.

저녁에는
하루를 지나치게 심판하지 말고,
즐거웠던 순간을 떠올리며
피로를 풀어 보세요.
별 하나 마음에 켜지면
내일이 한껏 기다려집니다.

하루하루가 즐거우면
평생이 즐거운 삶이 됩니다.

오늘도 웃으며,
가볍게 시작하는 화요일이 되길.

비 내리는 수요일 아침

작은 잔에 커피를 들고
마음은 크게, 마주 앉아
한 잔을 나누고 싶은 아침이다.

이런 날이면
그리운 얼굴과 추억이 떠오르고
목적지 없는 드라이브를 꿈꾸거나
산길을 따라 천천히 오르고 싶다.

유리창을 두드리는 빗소리,
젖은 길 위에 번지는 불빛.
오르막이 있으면 내리막이 있듯
힘든 날도 돌아서면 맑아진다.

아침을 걱정으로 시작하지 말자.

혼날까, 잘될까, 누구를 만날까—
그런 생각들은 빗물에 맡겨 흘려보내자.

오늘은 좋은 일 쪽으로 기운다.
오늘은 행운의 나를 믿는다.
희망이 되는 말을 조용히 건네고
가볍게, 빗길 위로 출발한다.

가는 봄

아름다운 향기가
골목을 사로잡고,
연한 싱그러움도
이젠 떠날 채비를 한다.

붉고 연분홍의 빛이
한껏 마음을 설레게 하더니,
세월은 잠시—
어디로 그리 서두르나.

가려면 정들기 전에 가지,
마음 흔들어 놓고
돌아서는 그 심사라니.

못내 기다려

이별까지 하고서도,
여행 짐도 꾸리기 전에
나는 아직 너를 기다린다.

떠나고 나면 너는 편하냐.
향기에 취하던 우리는
어디에 마음을 두고 살아야 하냐.

내년을 기약하지 말자,
뒤돌아보지도 말자.
봄아, 그냥 가라.
나는 창가에 서서
빈 가지에 남은 빛을 접겠다.

표현

슬프면 슬프다 말하자.
혼자 속으로만 앓지 말자.
아프면 아프다 손을 내밀자.

사랑하면서 입을 닫지 말자.
앓아 눕지 말고
기쁘면 기쁘다 웃음으로 건네자.
말하지 않으면
보고 싶단 마음도 길을 잃는다.

먹고 싶으면 먹고 싶다고,
갖고 싶으면 갖고 싶다고,
보기 싫으면 거리를 두자고,
좋아하면 좋아한다고 말하자.
말은 마음의 문,

열어야 빛이 든다.

말이 멎고 표정이 굳으면
속안의 것들은 삭아
결국 내 상처가 된다.
그러니 쌓기보다 나누자.

살아 보니
나를 가장 먼저 지켜야
내 주변도 제자리를 찾는다.
내가 있어
세상도 내 곁에 선다.

오늘 만나는 사람들에게
가볍게 웃음을 건네자.

얼굴을 들어
예쁜 표정 한 장,
하루의 첫 페이지에 붙이자.

너의 안부와 나의 평안

앞만 보고 바쁘게 달려왔다.

그러다 문득, 친구들과 뒤돌아본 추억이 떠오른다.

왜 그렇게 급했는지, 무엇을 놓쳤는지 생각한다.

내 생의 오늘이 가장 소중하니

친구들 얼굴을 한 번이라도 더 보고

손 꼭 잡고 안부를 묻고 싶다.

대한민국 어디에서 무엇을 하며 지내든

소식 전하고, 마주 앉아

서운했던 기억은 풀고

웃음이었던 날들은 더 나누자.

마음이 조금 더 편해지도록,

서로에게 따뜻한 사람이 되도록,

다시 모이자.

오월의 이맘때

오월 바람이 창가를 스친다.
그때면 떠오르는 이름들이 있다.
꽃무늬 치마, 골목 어른들,
나무에 걸린 명패와 흐릿한 사진.

땡볕 아래서
속옷이 다 젖는 줄도 모르고
손바닥이 두꺼비처럼 굳도록
일손을 멈추지 않던 그분.
깎아 놓을 손톱 하나 없던 손.

오십을 건너와 보니
맛있는 것을 먹어도,
꽃을 구경해도
지난날이 더 그리워져

문득 눈시울이 뜨거워진다.

하루만, 참 하루만 더 주어진다면
내일을 몰라도
어머니를 먼저 찾아가
작게라도 고맙다, 미안하다
손을 잡고 말하리.

힘 빠진 부모가
불평을 조금 더 한다 해도
그보다 먼저 우리가
용서받을 일 많다는 것을 안다.

어버이날 하루만이 아니다.
매일을 조금 덜 바쁘게,

매일을 덜 미루고

후회 없는 효를 오늘에 쓴다.

창문을 반쯤 열고 마음을 낮춘다.

더 늦지 않게,

늦을수록 후회가 커지니까.

오월 바람 드는 쪽으로

오늘을 조용히 연다.

바람

새싹이 돋아
싱그러움을 주고,
꽃이 피어
아름다움을 건네던 봄도

세상살이에 지쳤는지
미련 없이 떠나간다.

반기는 이 드문 더위는
푸른 녹음 아래 햇살을 흔들며
빨리도 찾아온다.

우리네 삶도 그렇다.
호주머니엔 오래 접어 둔 손수건 하나,
가슴속엔 초등학교 입학날의 숨결이

아직 선명하다.

머리는 희어지고,
얼굴의 빛도
하나둘 멀어진다.

달이 가고 계절이 바뀌어
다시 봄을 맞을 때면
이마의 주름은
더 또렷이 인생을 말하겠지.

먹고사는 일,
별것 아니라 말해 보지만
근심 없이,
편히 살아가는 이는 몇이나 될까.

걱정 없는 사람은
없다고들 하지 않는가.

이것저것 생각을 내려놓고
단 하루만이라도
모든 걸 잊고 나를 위해
즐기는 날을 새겨 둔다.

그날이 오늘이다.
바람 드는 쪽으로
마음을 오늘 연다.

나의 안녕

세상에는
내 건강을 염려하고
잘 살기를 빌어 주며
나를 사랑하고
나를 위해 기도하며
나의 삶을 응원해 주는 이들이 있다.

나에게도
소중한 이가 있고,
존중하는 이가 있고,
아끼는 이가 있다.
그들을 위해
나는 먼저 안부를 묻고
오늘을 살아간다.

서로를 존중하기에
불편한 행동을 삼가고,
서로를 신뢰하기에
자주 만나지 못해도
늘 연락하며
묵묵히 마음을 건넨다.

믿는 마음에
상처를 내지 않고,
먼저 배신하지 않고,
먼저 포기하지 않는다.

먼저 다가가
아픔을 나누고,
손을 잡아 주고,

가만히 안아 주는 따뜻함이
우리를 넉넉하게 한다.

내 사람

내 눈에는
먼저 부모가 보이고,
먼저 내 자식이 보이고,
먼저 내 친구가 보이고,
끝내 내 사랑이 보인다.

그들에게서―
내 귀는 '사랑해'보다 '보고 싶어'를 듣고 싶고,
내 손은 오래 정성을 들여 행복을 빌고,
내 다리는 언제든 당신에게로 달릴 준비를 하고,
내 가슴이 쉬지 않고 뛰는 것은
당신의 가슴도 그 박자에 맞춰 뛰기 때문이다.

내 사람들, 오늘도 안녕.

약속

언젠가 내가 당신을
기억하지 못해도,
내 앞에 앉아 조용히
손을 잡아 줄 사람—
그 누구도 아닌
당신이었으면 좋겠다.

언젠가 내가 나를
기억하지 못한다면,
내 이름을 낮게 불러 줄 사람—
그 누구도 아닌
당신이었으면 좋겠다.

언젠가 당신이 나를
기억하지 못한다면,

나는 옆에서 천천히
당신의 걸음에 맞추어
동무가 되겠다.

당신이 누구냐고 물으면
나는 그림자라고 하겠다.
무서워하지 말고,
두려움에 숨지 말자.
나는 늘 곁에 머물겠다―
약속한다.

내가 두려움에 떨 때,
눈물이 흐를 때,
그 눈물을 닦아 줄 사람도
그 누구도 아닌

당신이었으면 참 좋겠다.

당신은 나의 전부,
이 약속으로 우리는
다시 서로의 이름이 된다.

애태우던 봄비

그렇게도 애간장을
태우더니,
빌고 빌며 기다린 끝에
밤새 말을 풀었다.

미워도 했고
원망도 하며 기다렸는데,
세상을 한 번 울려 놓고서야
조용히 내려왔다.

이제는
서운함을 거두고
미운 마음도 풀자.
바람이 낮게 분다.

비야, 울리지 말고

뿌리만 적셔라.

우리도 오늘은

가볍게 젖어 가자.

녹음

연한 녹색의 푸르름이
진한 초록으로 깊어지고,
나무들은 가뭄과 찬 바람을 견디고도
가지마다 씨앗을 달아
꿈처럼 서 있다.

우리 마음엔 먹구름이 끼어
기댈 자리 찾기도 전에
가장자리로 미끄러질 때가 있다.
아파 울진 않아도
하늘을 올려다보면
문득 눈물이 돈다.

인생사는 도둑같이 스쳐 가고,
놓친 숨결이 손등을 지나가면

다시 한번 살아 보고 싶다.
참기만 하진 말고
조금은 즐기며 살자고,
조금 더 멋진 삶을
나를 위해 열어 보자.

오늘의 초록이
내일의 길을 밝힌다.

우리는 모든 일을 겪고 나서야
늦었다는 것을 안다.

부모 곁에 있을 때는
그분들이 중심이라는 걸 모르고,
멀어지고서야 비로소
그 존재의 무게를 배운다.

자식이 주는 기쁨은
부모에게 작은 묘약.
반듯이 잘나야만 행복한 건 아니다.
자기 자리에서 웃는 그 모습이면
부모도 함께 웃는다.

건강하다는 자신감에
몸을 아끼지 않다가,
어느 날 신호가 오면
그제야 서둘러 챙기려 한다.

세상살이, 건강해야만
사랑도 하고
공부도 하고
맛있는 것도 먹고
부모께 효도도 할 수 있다.

늦지 않게—지금부터.
자기 몸은 스스로 돌보고
한 번 더 숨을 고르자.

지금, 당신을 위한 시

지금 나는
당신만을 위한 시를 쓰고 있다.

'고맙다'는 말보다
곁에 있어 주어 감사하다.

불현듯 묻고 싶다가도
오늘은 조용히 말하고 싶다—
즐겁게 살자고.

아프지 말고 잘 살자, 보다
건강하게 함께 살자고.
웃으며 살자, 보다
둘이서 행복을 만들어 가자고.

지금 나는

당신만을 위한 시를 쓰고 있다.

당신이 내 곁에 있는 동안

우리는 함께 내일을 쓴다.

떠난 친구에게

인명은 재천이라지만
너는 너무도 일찍 떠났다.
철없던 나이도 아니었고,
남에게 폐를 끼친 것도 아니었는데.

한 가정의 가장,
아직 아버지 사랑이 더 필요할 아이가 있는데,
다 하지 못한 사랑은
어디에 남겨 두고 갔느냐.

떠나고 싶어서였는지,
그래도 살고 싶었는지,
세상 등지고 편안함을 얻고자 했는지―
우리는 알 수 없다.

말 한마디 없이 가버린 친구야,
무엇을 탓해야 할지 모르겠다.
미안하다,
그냥 모든 것이 미안하다.

세상사 다 내려놓고
좋은 기억만 들고 가라.

남은 우리는 서로의 어깨를 건네며
네가 비워 둔 자리에
작은 등불 하나씩 놓아 보겠다.
그렇게 오늘을 버티고,
내일을 향해 조용히 걷겠다.

지금, 시작

무조건이란 말보다
오늘의 나를 다하자.

남 탓에 입을 빌리지 말고
핑계로 어둠을 키우지 말자.
정답만 찾지 말고
오늘의 모습이 어제의 선택이었음을 알자.

해 보지도 않고 겁내지 말고,
시도도 없이 잘되길 바라지 말자.
기쁨은 땀을 알아본다.

누구도 노력 없이
오르지 못했고,
희열은 쉬운 길에서

피지 않았다.

늦었다고 생각하는 그때가
가장 빠른 때.
내 생의 가장 젊은 때는
항상 지금.

당신 미소

봄—
당신이 웃으면
살 수 있다면
나는 광대가 되어서라도
당신을 웃게 하겠다.

당신에게는
슬픈 표정이 어울리지 않는다.
어둠 속에서도
미소가 먼저 빛나는 사람.

큰 눈에
살짝 눈웃음이 번지면
입가가 낮게 피고
세상도 따라 웃는다.

어찌 그리 사랑스러울까.

부끄러움에
하얀 볼이 데워지면
나는 무슨 말을 해야 할지
잠시 숨을 고른다.

해마다
세월이 흘러갈수록
당신의 기품은 깊어지고,
살가운 마음결에
내 심장도 조용히 설렌다.

돌멩이

고것 참
참 묘하게도
생겼다.

고것 참
이상하기도
생겼다.

긴 세월을 버티며
깎이고 부서져
모서리 하나
스스로 빛을 배었다.

어느 큰 덩어리에서
툭 떨어져

홀로 서게 되었는지,
말 못하는 옹이도
하나 생겼다.

얼마나 비와 바람을
거슬러 왔는지
밤이 오면 속에서
작은 물소리가 난다.

길가의 발뒤꿈치 아래,
개천 바닥,
어느 날은 담장 등에
박혀 지내다 보니—

사람들이 말한다,

귀하게 생겼다고.

손바닥에 올려 보니

조용히 따뜻하다.

우리

그대가 바라는 것이 있다면
나로 인해 조용한 만족이 되었으면,
그대의 모자람이 있다면
내가 가진 모든 것으로 채웠으면.

그대가 사랑에 목마르다면
내 쪽에서 먼저 넘쳐 흘렀으면,
그대가 아픔으로 힘들다면
내가 함께 들어 나눴으면.

그대가 평온을 원한다면
나의 마음으로 달랬으면.
바람을 그대 쪽으로 보낸다.

내가 바라는 단 한 가지―

둘이서 행복을 키워 나가고,

건강을 지키며

같은 길을 나란히 걸어가는 일.

똑같은 현실

앞에서 끄는 일이 힘든가,
뒤에서 미는 일이 힘든가.

의자에 앉아 있는 일이 힘든가,
서서 버티는 일이 힘든가.

보는 이는 쉽게 말한다.
역할을 바꿔 서 본 적이 없으니.

우리는 끌고 있는가,
우리는 밀고 있는가.
각자의 자리에서
책임을 놓지 않는 것만도 다행이라며.

어찌해야 할까.

되돌려야 할 세상살이,
갈수록 희망은 멀어지고
손이 필요한 곳은 아직도 많은데.

창문을 반쯤 열어 본다.
바람은 어디로 부는가.
길은 아직 멀다—
누가 길을 알려 주는가,
누가 알려고 하려는가.

지금

누구 탓이라 해야 할지
너도 나도 지쳐 있다.
매듭이 어디서 꼬였는지
알 수 없다.

거리는 서서히 어두워지고
앞이 보이지 않는 사람들,
대책을 말하지 못하는
잘난 이름들.

정책은 따로,
현실은 따로.
이름 석 자만 바뀌는
모양 내기.

언제쯤
얼마나 더 울어야
빛을 볼까.
믿고 의지해 찍은 손가락이
아프다―지금, 우리.

창문을 반쯤 열어 둔다.
바람이 말을 더듬는다.
누구라도 먼저
작은 등 하나 켤 수 없을까.

첫사랑

첫눈에 반한다는 사랑,
나에게도 있었다.

어디에 사는지,
무슨 일을 하는지,
성격이 어떤지
알고 싶지 않았다.
무엇을 좋아하고
무엇을 싫어하던 사람인지도.

말 한마디 못한 채
몇 날 몇 밤 애가 식지 않아
이제나 저제나, 마음만 태웠다.
혹시 마주칠까
머리부터 발끝까지 차려 입고,

인사라도 해 볼까 하다
그날들은 추억이 되었다.

가슴은 두근두근
단팥을 사이에 둔 작은 빵집에서
처음 마주 앉아
건넨 첫 말이 있었다.

돌이켜 보면,
첫사랑이라서였을까.
무럭이 설레었고,
순하게 좋아했던 그 시절.

어디서 살고 있는지,
지금 무엇을 하며 지내는지

몰라도 된다.

나보다
조금 더 행복했으면—
나보다
조금 더 잘살고 있기를.

벗겨 버리자

그토록 곱던 피부도
아름답던 자태도
서서히 벗겨진다.
세상살이의 햇빛 아래
말 한 겹, 몸 한 겹
천천히 벗겨진다.

몸은 늙어
볼품없이 변해가도,
속에 남은 못된 버릇과
머릿속에 박힌 고집도
이제는 벗겨 버리자.

남은 매력은 예전만 못해도
넉넉하고 고운 마음이

한 겹 더 쌓이면 충분하다.

부드럽게,
곱게 늙어 가자.
겉은 가볍게 벗겨 두고
속은 더 단단히 다독이며.

닫힌 문

두드린다고
열릴 문이 아니다.
애원한다고
돌아오는 사랑도 아니다.

한때는
못 보면 죽을 것 같았고
나 없이 아무것도 못 한다고
말하던 입술도 있었다.

성격이 다르다 하고
가치관이 다르다 하더니
이제—안녕이라고.

이게 우리의 사랑이었나.

그게 네가 말하던 사랑이었나.
나에게서 무엇을
원했던 거니.

달면 삼키고
쓰면 뱉는 마음이라면,
문을 아무리 두드려도
창을 깨 부수고 돌아와도
두 번 다시 열리지 않으리.

칠월의 청포도

칠월 초복 무렵이면
뒤란 덩굴에 싹이 돋고
포도송이는 주렁주렁
빛을 배운다.

처음 열린 포도알은
보기엔 실하고
맛은 아직 푸르다.
아버지는 말없이
탱글한 송이를 따 주셨다.

입안에 넣으니
시어야 할 맛이
어쩐지 달았다.
그날의 푸른 술빛,

나는 지금도 기억한다.

이름도 모르던 그 단맛을
나는 오래, 청포도라 불렀다.
아버지의 손등에서
여름이 익어 갔고
나는 천천히 컸다.

만약

당신이 외롭기보다
형제가 많은 사람이었으면.
학식이 높기보다
친구와 잘 어울리는 사람이었으면.

무리의 우두머리보다
부지런하고 성실한 사람이었으면.
모두에게 넉넉하기보다
가족과 나에게 시간을 주는 사람이었으면.

큰 선물보다
작은 마음을 건네는 사람이었으면.
여럿의 시선보다
내 눈에만 멋진 사람이었으면.

체면과 위신보다
배려와 준수를 아는 사람이었으면.

그리고 나는
그런 당신 곁에서
하루를 가볍게 접고
감사하다고, 조용히 말하리.

세월

허겁지겁 떠밀리듯 달려왔다.
이제는 발걸음을
재촉하지 않으련다.

나만 먼저인 줄 알고 달렸더니
세월이라는 놈이
같이 달려왔구나.
따라오는 줄도 모르고
먹고 싶은 것, 하고 싶은 것
참으며 살아왔다.

너를 따라오는 줄 알았다면
후회 없이
한 번쯤 더 해 봤을 것을.

몸은 고장 나고
가슴은 멍든 자국이 남았다.
이제는 나보다 앞서는 너를 보지 않으려
쉬어도 가고,
놀다도 가고 싶다.

나도 잠시 쉬어 갈 테니
너도 이제는
쉬어가며 따라오너라,
세월아.
오늘의 걸음을 낮게 디뎌
남은 길을 천천히, 더 천천히.

그 시절 여름밤이면

여름 초저녁,
엄니는 마루에 앉아
손국시를 밀어 내고,

마당 한가운데
왕겨 모깃불을 피워
가마솥 끓는 물을 지켜보셨다.

맹물에 국시와 애호박 몇 토막,
소금 한 줌으로 간을 맞추고
작은 사발엔 양념간장을 준비하셨다.

멍석을 펴고
그릇만 상을 가운데 두면
옹기 그릇 가득

국수가 넘쳐 흘렀다.

우리는 국수를 후루룩 비우고
헛간 벽돌을 탁탁 두드리며
까만 하늘의 별을 셌다.
두런두런 말들이
밤공기처럼 옅게 번졌다.

어느새 수박 한 통이
커다란 반달로 잘려 나오고,
저녁 무렵은
옥수수 알을 뜯는 손끝에 달콤해졌다.

그렇게 여름밤은
조용히 깊어 갔다.

투정

밭두렁 가시넝쿨 사이
산딸기가 빨갛게 익는다.
손등은 긁히고
입 안은 먼저 달아진다.

집에 돌아오면
자주빛 알갱이를 얹어 보라 하신다.
숟가락 끝에 퍼 올린 달큼함,
혀끝이 먼저 기억한다.

뒤안 장독대 옆,
커다란 앵두나무가 올해는
유난히 많이 달렸다.

멍석을 펴고

대나무 장대로 가지를 털면
빗방울처럼 앵두가 쏟아진다.
씨가 더 많다 툴툴대다가도
아버지가 따 오신 한 줌의 맛에
입가가 금세 물든다.

작은 투정도 달큼해진다.
오늘은 멍석 위에
마음을 한 번 말려 본다.

봄 햇살보다 더 눈부신

여리고 여린 새싹이
어느새 제 자리에서
조용히 빛을 낸다.
아침 창가에 그 빛이 번진다.

아빠 눈엔 아직도 어린데
너희는 다 컸다 말하겠지.

보아라.
더 크게 눈을 뜨고,
더 깊이 귀를 열어,
해야 할 일을 하여라.

흔들려 보여도
멈추지 말고,

힘겨운 날에도
참아라.
마음을 세워라.
숨을 고르라.

서로를 챙기고
언제나 서로를 아끼면,
현실의 바닥 위에서도
넘어지지 않으리라.
그렇게 한 걸음 더 가면
성공은 더 가까워진다.

오늘도 힘차게
인생을 즐겨라.

기쁨

봄꽃 소식보다
가을 들녘이 여무는 소식보다
더 가까운 기쁨을
오늘 나는 들었다.

그렇게도 걱정하던
군에 간 아들.
크지 않은 상이라 해도
내겐 가장 큰 상
'행복의 상'이 되었다.

최우수 전사라니,
가슴이 낮게 울렸다.
말수 적은 아버지라도
오늘만은 조용히 자랑하고 싶다.

아직은 시작일 뿐이지만
성장의 방향은 분명하다.
바람 한 줄이 이마를 식히고
별 하나가 마음에 켜진다.

내일도,
너의 걸음이
더 단단해지길.

아들의 생일

힘들면 잠시 쉬어 가고
잠이 오면 한숨 쉬고,
기억은 멀리서도 금세 불어나
가슴을 천천히 채운다.

소원은 적지 않았지만
하나둘 이루어 왔다 믿으며
오늘도 미소를 챙겨
출근길을 걸어 나선다.

오늘은 네 생일.
군에서 보내는 두 번째 봄.
작년엔 엄마 곁이 아니었고
훈련소의 새벽이 너를 깨웠다.
그래도 너는 버텼고

우리는 창 쪽으로 기도를 접었다.

네 이름을 낮게 부른다.
건강하자.
다치지 말자.
하루를 천천히, 그러나 단단히.

생일 축하한다, 아들아.
사랑한다.

첫 면회

군으로 첫 면회를 간다.
설렘과 무사 안일을 한데 묶고
정신없이 길을 탄다.
아침 바람이 차창을 스친다.

오래 지난 것도 아닌데
쓴밥의 시간만큼
네 얼굴은 단단해졌다.
믿음이 살짝, 어깨에 붙었다.

너를 보기 위해
새벽 한 바퀴 걷는다.
아무에게도 말하지 않고
먼 길을 달려온 마음,
너는 아는가.

면회실의 의자.
네 웃음이 먼저 앉는다.
엄마는 눈빛으로 다 말하고
누나들은 소리 없이 환하다.
아빠는 이것으로 충분하다.

오늘을 크게 남기는 일
이것도 인생이고
나중엔 군생활의 추억이 되겠지.

지금처럼
서로를 위하며
서로를 아끼며 살자.

스물여섯, 내 딸에게

여린 새싹 같던 너는
이제 제 자리에서
조용히 빛을 낸다.
아빠 눈엔 아직도 어린데
너는 다 컸다 말하겠지.

보아라,
눈을 조금 더 크게 뜨고
귀를 더 깊이 열어
해야 할 일을 하여라.
흔들려 보여도
멈추지 말고,
힘겨운 날엔
숨을 고르고 다시 걸어라.

서로를 챙기고
서로를 아끼며
현실의 길 위에서 웃는다면
그 웃음이 너의 힘이 된다.

오늘은 네가 더 행복하기를.
내일은 오늘보다
조금 더 단단하기를.
다시 태어나도
또 내 딸로 와 주기를—
이 욕심 하나,
가슴에 고이 접어 둔다.

딸아, 사랑한다.

똑같은 행복

작은 보따리든
큰 보따리든
행복의 크기는 다르지 않다.
바람만큼만 담기면 된다.

너무 많이 담으면
기쁨은 금세 무거워지고
때로 실망으로 기울기도 한다.

조금 더 크고,
조금 더 넓고,
조금 더 예쁘길 바라는 마음—
사람의 욕심은 끝이 없다.
그래도 작은 꽃 하나로
충분히 환한 날이 있다.

입안 가득 채워도
배고픔 하나는 남는다.
가벼이 사는 법을
우리는 자주 잊는다.

겉모양이 빛나지 않아도
바람은 누구에게나
같은 결로 스친다.

늦게 피어난다고
꽃이 아니랴.
늦게 피어난다고
덜 예쁘랴.

오늘은 창을 조금 열고
작은 바람만큼만
내 마음에 들인다.
그만하면
똑같이 충분하다.

내 당신

당신 눈에 진심이 비쳐
나는 기꺼이 빠져 들었다.

탐스런 코끝,
따뜻한 품에서
희망이 보였다.

매력적인 입술에
청혼을 떠올렸고,
따뜻한 가슴 앞에서
짐을 조용히 내려놓았다.

당신의 한마디에
믿어도 되겠다 싶어
내 인생을 내어주었다.

당신이 내가 되고
내가 당신이 되어
살 줄 알았지만,

살다 보니—
당신은 당신대로,
나도 내 방식으로
우린 조금씩 엇갈렸다.

그래도 한숨결로
같은 공기를 나누게 해 주어서
고맙고, 감사하다.

다음 생이 있다면

모양이 달라도 좋다.

인연의 뜻은

여전히 행복이라 믿는다.

당신 이름을 낮게 부른다.

당신, 이만큼.

비가 오는 날이면

빗방울 소리마다
그대 이름이 떠올라
창밖을 오래 바라본다.

이렇게 내리는 날이면
그대가 더 보고 싶어
눈가에 빗물이 고인다.

아침엔 흐릿하고
저녁이면 어둠이 내려
가로등 불빛 속 빗방울이
더욱 아프게 반짝인다.

비가 밤을 지샐지 몰라도
이 밤을 나는

끝내 다 채우지 못한다.
낮게 불어오는 바람,
그대 쪽으로 보낸다.

나가며

그러니 오늘을 헛되이 넘기지 말자.
젊음은 기회였고, 중년은 책임이며,
지금 이 순간은 선택이다.

먹고 싶으면 몸을 먼저 돌보고,
입고 싶으면 땀을 먼저 적시고,
하고 싶으면 지금부터 시작하고,
갖고 싶으면 먼저 나누자.

오늘이 가장 젊은 날.
조용히, 그러나 단단히
다시 시작한다.

초판 1쇄 발행 2025년 11월 15일

저자 박종철
펴낸이 김영근
펴낸곳 마음 연결
주소 경기도 수원시 팔달구 인계로 120 스마트타워 604
이메일 nousandmind@gmail.com
출판사 등록번호 251002021000003
ISBN 979-11-93471-96-8(03810)
값 12000